La Batalla del Pequeño Gran Cuerno

Una Fascinante Guía sobre una de las Acciones Más Significativas de la Gran Guerra Sioux

© Copyright 2020

Todos los Derechos Reservados. Ninguna parte de este libro puede reproducirse de ninguna forma sin el permiso por escrito del autor. Los comentaristas literarios pueden citar breves pasajes en sus revisiones.

Descargo de responsabilidad: Ninguna parte de esta publicación puede reproducirse o transmitirse de ninguna forma o por ningún medio, mecánico o electrónico, incluido el fotocopiado o grabación, o por cualquier sistema de almacenamiento y recuperación de información, o transmitida por correo electrónico sin el permiso por escrito del editor.

Si bien se han hecho todos los intentos para verificar la información provista en esta publicación, ni el autor ni el editor asumen ninguna responsabilidad por errores, omisiones o interpretaciones contrarias al tema en este documento.

Este libro es solo para fines de entretenimiento. Las opiniones expresadas son solo del autor, y no deben tomarse como instrucciones u órdenes de expertos. El lector es responsable de sus propias acciones.

El cumplimiento de todas las leyes y regulaciones aplicables, incluidas las leyes internacionales, federales, estatales y locales que rigen las licencias profesionales, las prácticas comerciales, la publicidad y todos los demás aspectos de hacer negocios en los EE. UU., Canadá, el Reino Unido o cualquier otra jurisdicción es responsabilidad exclusiva del comprador o lector.

Ni el autor ni el editor asumen responsabilidad alguna sobre estos materiales por parte del comprador o lector. Cualquier desaire percibido hacia cualquier individuo u organización es completamente involuntario.

Contents

INTRODUCCIÓN 1

CAPÍTULO 1: LA GRAN GUERRA SIOUX 3

CAPÍTULO 2: GEORGE CUSTER, TORO SENTADO Y CABALLO LOCO 10

CAPÍTULO 3 - LA BATALLA DEL PEQUEÑO GRAN CUERNO 17

CAPÍTULO 4: FACTORES SUBYACENTES A LA PÉRDIDA DE LA BATALLA PEQUEÑO GRAN CUERNO POR CUSTER 36

CONCLUSIÓN 45

REFERENCIAS 48

Introducción

La Batalla del Pequeño Gran Cuerno, a la cual los historiadores americanos también se refieren comúnmente como La última resistencia de Custer, es uno de los acontecimientos más emblemáticos durante la Gran Guerra Sioux que tuvo lugar entre 1875 y 1876. La guerra misma se extendería a otras tribus dentro de las regiones circundantes al territorio Black Hills (Colinas Negras), de la actual Dakota del Sur después de que comenzaran los conflictos entre el gobierno de los EE. UU. y las tribus locales Lakota y Cheyenne en 1854, que duraron hasta 1890. La mayoría de los libros de texto y los aficionados a la historia a menudo idealizaron la última postura de Custer asemejándola a La Batalla de las Termópilas de hoy, a menudo retratándola como la valiente última resistencia de un guerrero experimentado, durante más de medio siglo después de la batalla, pero los hallazgos arqueológicos posteriores tienden a sugerir lo contrario. De hecho, ha habido tantas declaraciones contradictorias de los participantes estadounidenses y los nativos americanos que la mayoría de los detalles del evento a menudo no están claros incluso hasta el día de hoy.

Gran parte de la confusión que queda es de naturaleza crítica, por ejemplo, la forma exacta en que tuvo lugar la batalla y el momento de los acontecimientos. En este libro, nuestro objetivo es separar los hechos de la ficción en lo que respecta a una de las batallas más emblemáticas durante las Guerras Indias Americanas y proporcionar al lector una interpretación clara y basada en hechos de los eventos que tuvieron lugar antes y durante la Batalla de Pequeño Gran Cuerno, así como su consiguiente impacto tanto en los estadounidenses como en los nativos americanos.

Capítulo 1: La Gran Guerra Sioux

Para entender los hechos que llevaron a la batalla del Pequeño Gran Cuerno y el impacto de sus consecuencias, es necesario tener un conocimiento general de la Gran Guerra Sioux. A menudo conocida por su otro apodo, la guerra de las Colinas Negras. La Gran Guerra Sioux comenzó cuando repentinamente se descubrió oro en la región de las Colinas Negras, un área que se encuentra al oeste de la actual Dakota del Sur. La noticia del descubrimiento la convirtió inmediatamente en un área atractiva para los colonos, así como para gente de todos los ámbitos de la vida, que comenzaron a acudir en masa a la región de las Colinas Negras para hacer fortuna. Pero la misma región también era una ubicación estratégica importante para las tribus locales Lakota y Cheyenne que la usaban principalmente para cazar. Los americanos nativos no fueron demasiado amables con los colonos y los ocupantes ilegales que invadieron sus tierras y respondieron con violencia, lo que obligó al gobierno de los EE. UU. a intentar comprarles la tierra. Sin embargo, fracasaron en este esfuerzo y comenzaron a involucrarse en un conflicto directo sobre la propiedad de la región de las Colinas Negras, lo que finalmente allanara el camino para la fiebre del oro. El Tratado de Fuerte

Laramie se firmó entre el gobierno de los EE. UU. y los nativos americanos en 1851 y contenía disposiciones que vieron el final de la guerra de Nube Roja, que se libraría por tierra en el actual centro-norte de Wyoming. Una década completa antes de que se descubriera el oro en las Colinas Negras, hubo una fiebre del oro en Bannock, Montana. Esta fiebre del oro provocó la guerra de la Nube Roja, que vio a las tribus Lakota, Cheyene del Norte y Arapajo del Norte luchando contra la afluencia constante de mineros y colonos, principalmente a lo largo de la ruta Bozeman, una ruta que conecta el territorio de la fiebre del oro en Montana con la ruta de Oregón, de 1866 a 1868. A cambio de detener las incursiones, se prometió a los sioux que los asentamientos a través del sendero Bozeman serían evacuados. La nueva administración del presidente Ulises S. Grant tenía una postura agresiva hacia los nativos americanos, y en lugar de honrar el Tratado de Fuerte Laramie, la administración comenzó a presionar a los nativos americanos para que evacuaran sus tierras una vez que los buscadores de oro comenzaron a llegar a la región de las Colinas Negras.

Si bien esto se considera popularmente como la razón principal de la guerra, muchos historiadores posteriores del siglo XX creen que el ejército de los EE. UU. Quería comenzar una guerra contra los Cheyenne, ya que desde entonces habían impedido seriamente los esfuerzos expansionistas del gobierno de los EE. UU. en la región de las Grandes Llanuras desde principios de la década de 1850, a pesar de haber sido forzados a ingresar en el territorio marcado como la Gran Reserva Sioux después de ser presionados para firmar el Tratado de Fort Laramie en 1868. No fue hasta mucho después que el gobierno se dio cuenta del verdadero poder militar de los cheyenes, lo que podría atribuirse al hecho de que los colonos europeos conocían a los cheyenes con diferentes nombres, lo que llevó al gobierno a creer que inicialmente eran un grupo disperso de tribus. Si bien los Lakota eran más numerosos que los cheyenes, no eran belicosos por naturaleza, por lo cual no constituían una seria amenaza para el ejército de los EE. UU. Las tribus Lakota y Cheyene ya habían perdido gran parte de sus tierras después de la guerra de la Nube Roja, y la invasión ulterior de sus tierras, a pesar de haber firmado un tratado, les enfureció comprensiblemente. Este tratado establecía claramente que las tierras de la reserva estaban prohibidas para personas blancas que no fueran funcionarios del gobierno de los Estados Unidos. Esto dio lugar a conflictos con muchos ocupantes ilegales durante la etapa inicial de la guerra que se aventuraron en el territorio de las Colinas Negras después de que la noticia del descubrimiento de oro en la región se convirtiera en una sensación, principalmente gracias a la expedición de Custer en 1874, dirigida por el mismo teniente coronel George Armstrong Custer, que quedó inmortalizado en la batalla del Pequeño Gran Cuerno como héroe nacional. Habían enviado la expedición de Custer para verificar la verdad de la posibilidad de oro, que se consolidó aún más por la expedición geológica Newton-Jenney al año siguiente. Para 1875, las tribus Lakota y Cheyenne habían tenido suficiente, y el 15 de mayo, una delegación de emergencia dirigida por el Jefe Spotted Tail (Cola Manchada) viajó a Washington, D.C. para resolver las crecientes tensiones entre los colonos y las tribus locales. La delegación se reunió con el presidente mismo, así como con el secretario del interior y el comisionado para asuntos indios. La delegación trató de convencer a los líderes de los Estados Unidos de honrar los tratados existentes, mientras que los estadounidenses insistieron en que los nativos americanos cedieran la propiedad de la región de Colinas Negras por una miserable cantidad de 25.000 dólares. Ninguna de las partes aceptó los términos de la otra, y la delegación abandonó Washington sin ningún éxito, lo que aumentó la preeminencia del Jefe Caballo Loco y del Jefe Toro Sentado dentro de la reserva. Ambos jefes habían estado llamando a la guerra desde que los buscadores de oro comenzaran a llegar, y el fracaso de la delegación de Cola Manchada les dio la credibilidad que necesitaban para unificar a las tribus bajo su estandarte de guerra.

Tras el fracaso de las negociaciones en Washington, DC, el gobierno de los Estados Unidos hizo un intento final de negociar a través de los organismos de los nativos americanos que se mantenían en contacto con los nativos en la reserva. Los organismos le hicieron la misma oferta que la administración de Grant le hizo a la delegación de Cola Manchada, conduciendo a un aumento de los sentimientos antigubernamentales entre los residentes nativos de la Gran Reserva Sioux. Una vez que se cerraron las posibilidades de negociación, el gobierno de los Estados Unidos tomó medidas militares para capturar y fortalecer la región de las Colinas Negras para los colonos, mineros y buscadores de oro estadounidenses en anticipación de la fiebre del oro de Colinas Negras. La administración de Grant decidió dejar de perseguir y obstaculizar a los buscadores y colonos a favor de ocupar por la fuerza los únicos terrenos de caza viables de las tribus Lakota y Cheyenne. Para legitimar la ocupación a la vista del público, la administración Grant, después de consultar con el general Philip Sheridan y el general de brigada George Crook del ejército de los EE. UU., estableció en noviembre de 1875 un plazo descabellado para que los nativos americanos se presentaran en la reserva antes del 31 de enero o se enfrentaran a la acción militar. Incluso el agente nativo americano de la Agencia Standing Rock (Roca de Pie) solicitó una extensión de la fecha límite, ya que viajar estaba severamente restringido durante el invierno, pero fue rechazada. Como se esperaba, muchos nativos americanos no pudieron regresar a la reserva a tiempo, dándole al gobierno toda la legitimidad política que necesitaba para comenzar oficialmente la guerra, que se conoció como la Gran Guerra Sioux de 1876. Después de recibir informes sobre la condena del secretario del interior, Zachariah Chandler, y John Q. Smith, el nuevo comisionado para asuntos indios, que sugirió que el secretario de guerra y el Departamento de Guerra tomaran medidas militares de inmediato en la región de las Colinas Negras, el ejército de los Estados Unidos entró en acción.

Inicialmente, las fuerzas parecían estar equilibradas, aunque los nativos americanos eran numéricamente superiores, la mayoría de ellos no eran combatientes, y las armas de fuego que poseían eran dramáticamente inferiores a las que tenía en ese momento el Ejército de los EE. UU., el modelo de fusiles de un solo tiro Springfield 1873 y los revólveres de una sola percusión Colt Peacemaker .45. Además, no se esperaba que muchos de ellos participaran en la lucha debido a que la primavera es el mejor momento de caza para los nativos americanos. También, el gobierno de los EE. UU. fue responsable de distribuir las pocas municiones que poseían los nativos americanos, reforzando aún más la confianza del ejército de los EE. UU.

Finalmente, se demostró que el ejército de los EE. UU. estaba equivocado en ambos aspectos. En primer lugar, el Departamento de Guerra subestimó en gran medida el número real de guerreros nativos americanos que participarían en la batalla, así como el ingenio de las tribus Lakota y Cheyene para obtener municiones para sus armas. Caballo Loco también logró de alguna manera tener en sus manos unas carabinas repetidoras Winchester y Spencer que eran más efectivas que los rifles de un solo disparo entregados al ejército de EE. UU. en combates de medio y corto alcance, lo que ayudó a conducir a la devastadora derrota del ejército en la batalla del Pequeño Gran Cuerno. El ejército estimó que, en el mejor de los casos, no se enfrentarían a más de 2.000 guerreros nativos americanos mientras que, en realidad, más de 10.000 nativos americanos se unieron bajo los estandartes de los Jefes Caballo Loco y Toro Sentado. A pesar de que la mayoría de sus armas estaban desactualizadas, los nativos americanos más que compensaron la falta de eso con su gran movilidad (gracias a sus ponis más pequeños que eran más rápidos que los caballos de guerra de pura sangre utilizados por la caballería de los Estados Unidos en ese momento) y su conocimiento del terreno. Por otro lado, a pesar de estar mejor equipados, los soldados estadounidenses enviados a la expedición de las Colinas Negras eran inexpertos y no estaban entrenados para la guerra con los nativos americanos, lo cual finalmente resultó ser fatal, como lo demuestran los acontecimientos de la batalla del Pequeño Gran Cuerno.

El general de brigada George Crook lanzó la primera embestida tan pronto como recibió la autorización para atacar del general Philip

Sheridan. El ataque se lanzó bajo el mando del coronel Joseph J. Reynolds el 8 de febrero de 1876. Pasó más de un mes antes de que tuviera lugar la primera batalla significativa de la Gran Guerra Sioux, la batalla del Río Polvo. Los exploradores del ejército de los EE. UU. creyeron haber encontrado el campamento secreto del Jefe Caballo Loco después de descubrir un pequeño pueblo que constaba de 65 cabañas a lo largo del río Polvo. En verdad, era un campamento menor de los Cheyenes en el norte dirigido por los jefes Viejo Oso, Dos Lunas y Toro Blanco. El general de brigada Crook acompañó a Reynolds en la batalla, pero él mismo no participó en ella. Al principio, las fuerzas de Reynold atacaron con gran ánimo, pensando que habían pillado al enemigo por sorpresa, pero comenzaron a retirarse tan pronto como los nativos americanos comenzaron a disparar. Para colmo, durante la retirada del ejército, abandonaron a varias tropas. Más tarde, esto se convirtió en un tema de controversia lo que llevó a Reynold a una corte marcial, por a su incompetencia como comandante. Después de la desastrosa primera expedición, el ejército de los Estados Unidos renovó sus esfuerzos militares, lanzando una segunda campaña en la región de Colinas Negras que estuvo más centralizada y de mayor tamaño que la campaña anterior. Las fuerzas se dividieron en tres columnas y marcharon hacia el mismo destino desde tres lados para abrumar estratégicamente a las fuerzas nativas americanas. El general Alfred Terry salió del Fuerte Lincoln al frente de la columna de Infantería de Dakota, que también incluía al malogrado Custer y el Séptimo Regimiento de Caballería. El coronel John Gibbon y el general de brigada Crook salieron de Fuerte Ellis y Fuerte Fetterman, respectivamente.

La primera escaramuza en la segunda expedición de la Gran Guerra Sioux fue la batalla del Capullo de Rosa. La columna del general de brigada Crook fue responsable de liderar el avance que entró en contacto con las fuerzas Cheyenes el 17 de junio. A pesar de que el ejército de los EE. UU. salió técnicamente victorioso en la batalla, la mayoría de los historiadores modernos la consideran una victoria pírrica ya que las fuerzas de Lakota y Cheyene del Norte finalmente lograron su objetivo de detener el avance del general de brigada Crook desde el norte. Después de la batalla, la columna de Crook se retiró durante un largo tiempo mientras esperaban refuerzos. Fue durante este tiempo que ocurrió la batalla del Pequeño Gran Cuerno.

Capítulo 2: George Custer, Toro Sentado y Caballo Loco

A pesar de que hasta el último hombre que murió en la batalla del Pequeño Gran Cuerno lo hizo como un guerrero, ya fueran soldados estadounidenses o guerreros de la alianza de los nativos americanos de la Gran Guerra Sioux, tres figuras prominentes se destacan en esta batalla: el teniente coronel George Custer, jefe Caballo Loco y jefe Toro Sentado. Aunque a menudo se los olvida en los libros de historia tradicionales, estos tres hombres se enfrentaron una vez antes en 1873, cuando Toro Sentado y Caballo Loco decidieron atacar el relevamiento del ferrocarril del Pacífico Norte en Yellowstone, que Custer en ese momento había sido designado para protegerlo. En este capítulo del libro, trataremos de cubrir los principales acontecimientos y decisiones en la vida de estas tres grandes figuras militares en la historia de Estados Unidos para que al lector le sea más fácil comprender sus motivaciones y decisiones durante la batalla del Pequeño Gran Cuerno. Esto es especialmente cierto para Custer, que había ganado fama gracias a sus infames y notorias acciones en el transcurso de su colorida carrera militar.

George Armstrong Custer

Nacido el 5 de diciembre de 1839, George Armstrong Custer era hijo de Emanuel Henry Custer y su segunda esposa, Marie Ward, Kirkpatrick. Los abuelos de Custer eran de origen alemán, y comúnmente se supone que llegaron junto con el flujo de refugiados palatinos a quienes los colonos de Nueva Inglaterra llevaron Nueva York y Pensilvania para poblarlas durante la última parte del siglo XVII. Custer tenía dos hermanos menores y tres medio hermanos mayores que gozaban de buena salud, pero sus medio hermanos menores del tercer matrimonio de su padre estaban enfermos. Su padre fue un patriota demócrata desde temprana edad, y desde el principio inculcó sus creencias políticas a sus hijos. Después de que Custer alcanzara la mayoría de edad, lo enviaron a vivir con su hermana mayor y su esposo en Monroe, Michigan. Más tarde, Custer asistió a la Escuela Normal McNeely en Ohio y ganaba su sustento arrastrando carbón temprano por la mañana antes de que comenzaran las clases. Después de su graduación, Custer se desempeñó durante un tiempo como profesor antes de unirse a West Point en 1857.

Custer era un rebelde de corazón y en el mejor de los casos un estudiante mediocre: se graduó como uno de los peores de su clase, y fue solo la atmósfera general de conflicto con los nativos estadounidenses lo que impidió que lo enviaran lejos, ya que el ejército necesitaba a todos los hombres aptos en sus esfuerzos de guerra durante la guerra civil. Teniendo en cuenta cómo se había desempeñado Custer en sus estudios hasta ahora, se esperaba que fuera un soldado mediocre. en el mejor de los casos. Sin embargo, Custer demostró que todos estaban equivocados e inicialmente impresionó a sus superiores por su valentía y conducta ejemplares en las batallas en las que participara durante el período de la guerra civil estadounidense. Al mismo tiempo, su mayor defecto de carácter era que su arrogancia le jugaba en contra después de llevar con éxito a sus hombres a múltiples victorias. Esto lo hizo muy impopular entre muchos oficiales y soldados que veían a Custer como una persona impredecible que dependía excesivamente de la suerte para tener éxito en sus esfuerzos militares.

Después de distinguirse en la batalla de Gettysburg, Custer se casó con Elizabeth Bacon y se estableció felizmente con su joven esposa, quien aparentemente disfrutaba de la extravagancia de su esposo y lo acompañaría a sus destinos sin una queja. Después de la muerte de Custer, Libbie Custer nunca se volvió a casar y continuó difundiendo el legado de su esposo hasta su muerte en 1933; ella murió a la edad avanzada de 90 años.

A pesar de distinguirse, Custer se vio afectado en 1867 cuando se ausentó sin permiso de su puesto sin la intención de desertar, aparentemente para visitar a su esposa. Acusado de ocho cargos de mala conducta, Custer fue suspendido por un año, pero volvió al servicio activo antes de que terminara el año por la urgencia de hombres que el ejército de los Estados Unidos necesitaba para luchar contra los nativos americanos.

Esta sería una experiencia completamente nueva para Custer, que pasaría los siguientes años estudiando y observando las tácticas de batalla de los nativos americanos antes de ser elegido para liderar la expedición Colinas Negras para verificar la presencia de oro en la región, así como las escaramuzas posteriores en la batalla del Pequeño Gran Cuerno. Custer ganó su primera victoria contra los nativos americanos en noviembre de 1868 durante la batalla de Washita. Aunque muchos libros de historia la llaman una batalla, fue más bien una masacre, gracias a las turbias tácticas de rehenes de Custer, que intentaría replicar más tarde durante la batalla del Pequeño Gran Cuerno.

Custer no fue el único en su familia que perdiera la vida en la batalla del Pequeño Gran Cuerno: dos de sus hermanos, que seguían los pasos de Custer y se unieron a la caballería, también perdieron la vida al igual que su sobrino y su cuñado. Después de la muerte de Custer, su esposa continuó preservando su legado como héroe nacional e incluso recibiría del gobierno la mesa que se utilizó para redactar los términos de rendición de la guerra civil.

Jefe Toro Sentado:

Si bien la mayoría de los cheyenes y sioux habían cedido a la ofensiva de los EE. UU. y aceptaban vivir en las reservas, el jefe Toro Sentado de Hunkpapa Lakota, no estaba nada contento con las condiciones de vida de su pueblo en las reservas, y tal vez fue el que más se opuso a las políticas del gobierno de los Estados Unidos con respecto a la población nativa americana. Toro Sentado (llamado Tejón Saltarín al nacer) nació en 1831 a lo largo del río Yellowstone, cerca de la actual ciudad de Miles City, Montana, hijo del jefe Toro Saltarín y su esposa. De niño, se decía que tenía un comportamiento muy tranquilo y sin prisas, lo que le ayudó a ganarse el apodo de "Hunkesi" en la lengua nativa de Lakota, que se traduce como "lento" en español. A la temprana edad de catorce años, hizo su primer debut en el campo de batalla cuando acompañaba a su padre en una redada contra los Cuervos. Para sorpresa de todos, el chico generalmente tranquilo y callado de repente se adelantó y descargó su arma contra un guerrero Cuervo. Su padre estaba extremadamente complacido y lo festejó con una ceremonia para pasar oficialmente su nombre a su hijo después que regresaran al hogar. Después de la ceremonia, Tejón Saltarín se convirtió en "Toro Búfalo Que se Sienta", que su pueblo acortó a Toro Sentado.

Lamentablemente para ellos, su racha de suerte no duraría mucho, ya que el gobierno y el ejército de los EE. UU. comenzarían brutales represiones contra las tribus de las Grandes Llanuras, llevándolos despiadadamente a las reservas de los nativos americanos. Al encontrar que sus fuerzas y equipamiento eran superados abrumadoramente, Toro Sentado decidió retroceder monetariamente y en mayo de 1877 se dirigió a Canadá. Pero después de cuatro años de exilio, el hambre y la desesperación lo llevaron a volver a cruzar a Estados Unidos con su pueblo y rendirse, a pesar de que había logrado hacer las paces con la Confederación de los Pies Negros, aunque fueron poderosos rivales de los lakota y cheyenes. Entonces, en 1881 se entregó a las autoridades estadounidenses. A partir de allí, él y su banda de 186 seguidores fueron transferidos al principio a

Fuerte Yates antes de ser transferidos a Fuerte Randall, donde fueron retenidos durante veinte meses antes de que el gobierno y los oficiales militares les permitieran regresar a la Agencia Standing Rock. Después de que se permitiera a Toro Sentado entrar en la reserva, trabajó un breve período en el espectáculo montado por William Cody, el *Salvaje Oeste de Búfalo Bill*, donde fue una de las principales atracciones.

Toro Sentado fue inesperadamente asesinado en un entredicho en 1890 que involucró a miembros del Movimiento de Danza Fantasma a quienes Toro Sentado había permitido reunirse en su campamento. El personal del ejército temía que escapara con los Bailarines Fantasma e intentó arrestar a Toro Sentado, quien se negó a cumplir la orden. Los sioux de la aldea estaban disgustados por las acciones de la policía de la reserva y estallo la violencia. Un guerrero Lakota, llamado Agarra-al-Oso, le disparó a un oficial de policía, el teniente Harry Bullhead (Cabeza-de-Toro), quien luego le disparó a Toro Sentado. Otro oficial de policía, Red Tomahawk, también le disparó a Toro Sentado y el gran jefe murió más tarde ese día, aunque no fue el único. Ocho policías murieron a consecuencia de este conflicto, junto con siete de los partidarios de Toro Sentado. Después de su muerte, Toro Sentado fue enterrado en Fuerte Yates, y en 1953, su cuerpo fue exhumado y trasladado a Dakota del Sur, donde naciera.

Caballo Loco:

Caballo Loco es uno de los personajes más interesantes de la narrativa de la Gran Guerra Sioux, especialmente durante la batalla del Pequeño Gran Cuerno, dado que sus valientes acciones salvaron incontables vidas. A pesar de que no logró superar los treinta años, su corta vida estuvo llena de muchos importantes logros militares, lo que lo convirtió en un activo en los esfuerzos del Pequeño Gran Cuerno durante la Gran Guerra Sioux. No hay información concreta sobre cuándo nació, pero la mayoría de los historiadores nativos americanos suponen que el año de su nacimiento fue 1842. La mayoría está de acuerdo en que su nacimiento tuvo lugar en algún momento entre

1840 y 1845. Su parentesco fue único porque su padre y su madre provenían de diferentes grupos de la tribu Lakota.

Desde temprana edad, Caballo Loco supuestamente era perseguido por visiones en trance después de presenciar la muerte de su abuelo, el Jefe Oso Conquistador, durante la Masacre de Grattan de 1854, donde el Brulé Lakota mató a 29 soldados estadounidenses y un intérprete civil después de que uno de los soldados le disparara a su jefe. Se puede pensar que el acontecimiento lo traumatizó de por vida, lo que lo condujo a las "visiones" que lo perseguían. Pero en ese momento, se consideraban un signo de un toque divino, y por estas visiones, Caballo Loco era respetado y venerado a pesar de su extraña personalidad. Marginado y solitario, Caballo Loco prefería la compañía de los niños y era extremadamente servicial, ayudando a cualquiera que lo necesitara. También se abstenía de participar en cantos y bailes, lo que se consideraba extraño a los ojos de su pueblo.

Entre finales de la década de 1850 y 1860, Caballo Loco ascendió en las filas al demostrar su valentía en muchas incursiones llevadas a cabo principalmente contra las tribus Cuervo, Shoshone, Pawnee (Pananas), Pies Negros y Arikara. Después de una década de logros, fue nombrado oficialmente el líder de guerra de su tribu, pero fue despojado de su rango antes de la Gran Guerra Sioux por su enredo con una mujer casada llamada Mujer Búfalo Negro. Caballo Loco mostró gran valor tanto en la batalla de Rosebud como en la batalla del Pequeño Gran Cuerno, lo que le valió mucho respeto tanto de los sioux como de cheyenes.

Después de la batalla del Pequeño Gran Cuerno, los nativos americanos se dispersaron, ya que no había suficiente comida para alimentar a tanta gente y caballos. El ejército estadounidense eventualmente intensificó los conflictos contra las tribus nativas americanas, y Caballo Loco continuó luchando contra ellos, aunque ya no reclamaría tantas victorias como antes, hasta 1877. Fue en mayo de 1877, casi al mismo tiempo que Toro Sentado huía a Canadá, que Caballo Loco finalmente se rindió al ejército de los EE. UU. Después de su rendición, regresó a su aldea, que ahora estaba bajo la jurisdicción de la Agencia Nube Roja. Pero pronto se difundieron rumores de que Caballo Loco se estaba preparando para volver a la guerra, lo que alarmó a las autoridades, por lo que emitieron una orden de arresto para Caballo Loco. Al escuchar esto, Caballo Loco escapó a la Agencia Cola Manchada con su esposa, que se había enfermado de tuberculosis. El destacamento del ejército enviado para detener a Caballo Loco lo arrinconó en la agencia, donde aceptó a regañadientes seguir a los soldados de regreso al Fuerte Robinson. Esta fue la última vez que Caballo Loco fue visto con vida; los informes militares oficiales más tarde indican que Caballo Loco murió la misma noche en que fue detenido después de intentar escapar.

Capítulo 3 - La Batalla del Pequeño Gran Cuerno

A decir verdad, tanto la versión de los americanos como la de los nativos americanos de la batalla del Pequeño Gran Cuerno se han exagerado a lo largo de los años, lo que dificulta la separación de los hechos de la ficción. Para los nativos americanos, fue su última gran demostración de fuerza en las Grandes Llanuras, y glorificó su versión de los acontecimientos en consecuencia. Los nativos americanos veneraban tanto el evento que cambiaron el nombre del valle del Pequeño Gran Cuerno, al que llamaban la Hierba Grasosa, como el Valle de los Jefes después de la batalla, debido a que la mayoría de los principales jefes tribales de los sioux y los cheyenes participaron en la batalla. La versión de los nativos americanos de los eventos de la batalla del Pequeño Gran Cuerno que se transmitiera oralmente tiene muchas inconsistencias con los hallazgos arqueológicos posteriores del siglo XX, al igual que muchos relatos históricos de veteranos del ejército que participaron en la batalla. Las inconsistencias en la versión estadounidense de los eventos popularizados por la esposa de Custer, Elizabeth (Libbie) y sus admiradores se deben principalmente al hecho de que no hubo sobrevivientes de cinco de las doce unidades del Séptimo Regimiento de Caballería en la batalla del

Pequeño Gran Cuerno. Aunque los soldados estadounidenses sobrevivieron a la batalla, estos soldados no atacaron junto a Custer y sus fuerzas, por lo que todos los relatos y teorías de la batalla del Pequeño Gran Cuerno después de que terminara la Gran Guerra Sioux fueron relatos de segunda mano del personal del ejército que visitó el lugar después de la desventurada batalla. Libbie Custer se mantuvo firme en mantener la reputación de su esposo como héroe nacional y atacó abiertamente a cualquiera que contradijera ese sentimiento, lo que hizo muy difícil llevar a cabo expediciones arqueológicas para verificar la verdad de los eventos de la batalla del Pequeño Gran Cuerno hasta la muerte de la Sra. Custer en 1933. Después de la década de 1930, muchos de los factores subyacentes a la derrota de Custer en la batalla del Pequeño Gran Cuerno, incluido su temperamento temerario y la falta de una adecuada toma de decisiones estratégicas, salieron a la luz. Estos factores contribuyeron a la muerte de Custer y de varios de los miembros de su familia, incluidos dos de sus hermanos, su sobrino y su cuñado. Las investigaciones más profundas sobre lo sucedido se llevaron a cabo después de la muerte de Libbie Custer, ya que pasó su vida evitando cualquier tipo de consulta que podría haber empañado el legado de Custer.

Los Participantes

Aunque el número total de guerreros nativos americanos que participaron en la batalla del Pequeño Gran Cuerno fue entre 1.500 y 2.500, un importante número total de tribus, que incluía a los Sioux, los Cheyenes del Norte, los Lakota, los Dakota y los Arapajo, participaron en la batalla del Pequeño Gran Cuerno, de ahí que el nombre nativo americano para Pequeño Gran Cuerno sea el Valle de los Jefes. A continuación, hay una lista de los oficiales del Séptimo Regimiento de Caballería que cayeron con Custer, así como una lista de todas las principales alianzas y jefes nativos americanos que participaron en la batalla:

El 7º Regimiento de Caballería de los Estados Unidos:

Oficial al Mando: Teniente Coronel George A. Custer

Batallón de Custer- Compañía C: Capitán Thomas Custer (KIA)
Compañía E: Teniente Primero Algernon Smith (KIA)
Compañía F: Capitán George Yates (KIA)
Compañía I: Capitán Myles Keogh (KIA)
Compañía L: Teniente Primero James Calhoun (KIA)
Batallón Reno- Compañía A: Capitán Myles Moylan
Compañía G: Teniente Primero Donald McIntosh (KIA)
Compañía M: Capitán Thomas French
Batallón Benteen- Compañía D: Capitán Thomas Weir
Compañía H: Capitán Frederick Benteen
Compañía K: Teniente Primero Edward Settle Godfrey
Pack Train- Compañía B: Capitán Thomas McDougall
Exploradores e intérpretes: De las tribus Cuervo y Arikara

Alianza de Indios Nativos Americanos:

Líderes de la Alianza: Caballo Loco Toro Sentado
Lakota Sioux - Hunkpapa: Toro Sentado Cuatro Cuernos Rey Cuervo
Jefe Gall Luna Negra
Sihasapa: Rastreador
Mata águila
Minneconjou: Jefe Hump (Joroba)
Luna negra
Caballo Rojo
Hace sitio
Mira para arriba
Arco: Águila Manchada
Oso Rojo
Largo Camino
Hombre Nube
Oglala: Caballo Loco
El perro
Oso Pateador (Mato Wanartaka)
Halcón Volador
Caballo Americano el Viejo

Brule: Dos Águilas
Oso de Cuerno Hueco
Pájaro Valiente Dos Hervidores: corre-al-enemigo
Dakota Sioux- Lower Yanktonai: oso trueno
Nube medicina
Oso de Hierro
Árbol Largo
Wahpekute: Inkpaduta
Suena el suelo mientras camina
Águila Blanca
Tierra de seguimiento blanca
Cheyenes del Norte: Dos Lunas
Pelo Amarillo
Oso camina sobre una cresta
Halcón Negro, Mujer Joven del Camino de Buffalo Calf Road Mujer
Nariz Torcida, Marcha Ruidosa (KIA)
Arapajo- Waterman
Sabio
Mano Izquierda
Águila Amarilla
Pequeña Ave

Análisis de los Acontecimientos de la Batalla del Pequeño Gran Cuerno

"Benteen. Vamos. Gran pueblo. Apúrense. Traigan refuerzos".

Estas palabras probablemente fueron las últimas de Custer cuando envió el mensaje al Capitán Frederick Benteen para reforzar su destacamento antes de ir a la batalla. La urgencia y la brusquedad del mensaje solo muestran bajo cuánta presión estaba Custer antes de la brutal desaparición y aniquilación de sus fuerzas. Finalmente, Benteen nunca pudo unirse a su comandante, por lo que los únicos relatos que quedan son los de los victoriosos Cheyenes y Sioux.

Alrededor de una semana después de la batalla de Rosebud, Custer y sus tropas fueron enviadas a explorar los valles de los ríos

Pequeño Gran Cuerno y Rosebud, ambos ubicados en la parte sur del Territorio de Montana. El 25 de junio, Custer y sus tropas se encontraron con un pueblo nativo americano de tamaño considerable en el valle Pequeño Gran Cuerno. A pesar de que encabezaba una expedición de exploración, las fuerzas de Custer estaban bien armadas y eran lo suficientemente capaces de librar una pequeña batalla. Custer insistió en que necesitaban "vivir y moverse como el enemigo", y él creía firmemente que la única forma de contrarrestar la movilidad de las fuerzas nativas americanas era imitar su forma de movimiento. Fiel a sus creencias, Custer se movió a un ritmo increíble, y la mayoría de los historiadores creen que esta es una de las principales razones por las que las fuerzas de Custer eran tan ligeras en la artillería; si hubieran llevado un armamento más pesado, su ritmo habría sido considerablemente más lento. El Séptimo Regimiento de Caballería también estaba compuesto por veteranos de la guerra civil estadounidense, quienes estaban muy bien preparados para la guerra con los nativos americanos. Todos estos factores pudieron haber contribuido al exceso de confianza de Custer en su decisión de atacar la aldea de los nativos americanos que sus fuerzas encontraron en la expedición.

Si bien los historiadores y arqueólogos han expuesto los muchos factores y las decisiones erróneas que contribuyeron a la derrota de Custer en Pequeño Gran Cuerno, la mayoría están de acuerdo por unanimidad en que la principal razón de su derrota se debió al cálculo erróneo del ejército de las fuerzas nativas americanas, así como una inteligencia defectuosa. Los informes anteriores de los Cuervos, que estaban ayudando al ejército de los EE. UU. en su lucha contra los Sioux, indicaban que no había más de 800 nativos americanos en la región con un máximo de 200 guerreros. Lo que el ejército de EE. UU. no tuvo en cuenta fue la gran cantidad de nativos americanos en la reserva que participaron en la Gran Guerra Sioux bajo el liderazgo de Toro Sentado y Caballo. El ejército contaba con que se mantendrían neutrales. Finalmente, las fuerzas de Custer se enfrentaron a 1.500-2.500 guerreros nativos americanos en lugar de los 200 que inicialmente había supuesto. Si bien es cierto que las fuerzas de Custer fueron superadas en número, eso no debió haberles importado tanto al gobierno de EE. UU. y los admiradores de Custer, porque Custer inicialmente contaba con el elemento sorpresa. Sin embargo, incluso después de ser descubierto, la mayoría de los historiadores militares están de acuerdo en que las cosas no habían ido tan mal al sur, si Custer no hubiera decidido seguir adelante con algunas malas decisiones estratégicas que condujeron a su abrumadora derrota en la batalla del Pequeño Gran Cuerno.

Para comenzar con los acontecimientos de la batalla de Pequeño Gran Cuerno, primero nos enfocaremos en los esfuerzos del Mayor Marcus Reno y el Capitán Frederick Benteen, cuyas acciones durante la batalla más tarde fueron corroboradas por múltiples testigos presenciales. Muchos soldados en su propio destacamento condenaron su decisión de retirarse y culparon a ambos comandantes de no luchar lo suficiente, calificándolos de cobardes. Sin embargo, en retrospectiva, la mayoría de los estrategas militares modernos han concluido que ambos hombres tomaron las mejores decisiones que pudieron bajo coacción, priorizando la seguridad de la vida de sus hombres en lugar de seguir órdenes que equivalían a un suicidio debido a la presencia de un número abrumador de nativos americanos, un número que estaba mucho más allá de lo que les informara su comando central. La estrategia inicial de Custer fue bastante confusa; tenía la intención de capturar a los no combatientes (mujeres, niños y ancianos) para obligar a los guerreros nativos americanos a rendirse. Dado que ninguno del destacamento de Custer sobrevivió, todo lo que podemos hacer es formarnos una imagen basada en la evidencia arqueológica respaldada por el relato oral de la batalla de los nativos americanos.

Después que sus exploradores encontraran la aldea, Custer dividió sus fuerzas en tres destacamentos para lanzar un ataque de tres puntas contra el campamento de los nativos americanos. Custer mantuvo bajo su mando un tercio de sus fuerzas, que sumaban 210, (cinco de las doce unidades) y distribuyó el mando de los otros cinco destacamentos entre al Mayor Reno y al Capitán Benteen, que tenían un número casi igual de hombres (la última unidad era el tren de carga). El destacamento del mayor Reno fue el primero en enfrentarse a los guerreros nativos americanos después de recibir las órdenes de Custer de comenzar un ataque contra la aldea. El destacamento cruzó el Pequeño Gran Cuerno en la boca del actual Arroyo Reno alrededor de las 3 de la tarde del 25 de junio. Sin embargo, dado que carecían de la inteligencia adecuada sobre el enemigo, este movimiento resultó ser desastroso, ya que los guerreros nativos americanos superaban el destacamento de Reno. Para compensar su falta de conocimiento sobre el enemigo, Reno usó los árboles altos a lo largo de la costa para ocultar su acercamiento y emboscar la aldea desde el noroeste. Pero los mismos árboles que proporcionaban cobertura a las fuerzas de Reno también ocultaban por completo la aldea. Como resultado, cuando las fuerzas de Reno se movieron a campo abierto para montar un asalto a la aldea, se encontraron inmediatamente con una fuerte resistencia de los arqueros nativos americanos que disparaban desde posiciones defensivas. Al darse cuenta de la gravedad de su situación, Reno siguió los protocolos del ejército y estableció una línea de escaramuza, que intercambiaba poder de fuego en combates cuerpo a cuerpo y maniobras defensivas, y optó por esperar a que Custer le enviara refuerzos que nunca llegarían. La descarga inicial del ataque de Reno mató a algunas mujeres y niños. Algunas fuentes de nativos americanos afirman que las víctimas no combatientes eran miembros de la familia del jefe Gall, el jefe de los Lakota Hunkpapa que habían participado en la batalla. Después de veinte minutos de espera, la situación empeoró cuando los nativos americanos se unieron y superaron en número al destacamento de Reno, exponiendo su flanco izquierdo. Una vez que este flanco quedara expuesto, Reno no tuvo más remedio que retirarse, lo que le hizo imposible volver a reunirse con el destacamento de Custer. Después, las fuerzas de Reno retrocedieron hasta el recodo del arroyo Reno hasta que Reno finalmente dio la orden de retirarse. En total, 32 soldados murieron en la retirada, 3 de ellos oficiales, otros 13 a 18 hombres desaparecieron en acción. Muchos de estos hombres luego se unieron al destacamento, aunque algunos se quedaron atrás.

Las tropas de Reno podrían haber sido aniquiladas al igual que las fuerzas de Custer si no hubiera sido por la oportuna intervención del Capitán Benteen, quien llegó apenas a tiempo cuando las fuerzas fracturadas de Reno lograban alcanzar el despeñadero actualmente conocido como Colina Reno. Ese mismo día más temprano, Benteen y sus fuerzas habían sido enviadas a explorar y estaban regresando después de recibir la orden de Custer de atacar la aldea. Después de ver a los hombres visiblemente conmocionados y las condiciones devastadas de las tropas de Reno, entre ambos comandantes acordaron cavar fortificaciones alrededor de la colina Reno para mantener una posición defensiva hasta que recibieran noticias de Custer. Los soldados desesperados usaron todos sus utensilios de metal, como sartenes y tenedores, para hacer las fortificaciones, esta se había convertido en una técnica muy usada desde la Guerra Revolucionaria Americana. Mientras que los destacamentos inmovilizados se apresuraban frenéticamente para poner defensas antes de la siguiente ola de ataques de los nativos americanos, alrededor de las 4:20 de la tarde oyeron la primera de las tres descargas disparadas entre las 16:20 y las 17:15, que fue el último pedido de ayuda de Custer y sus hombres antes de ser totalmente desbordados y aniquilados por las fuerzas nativas americanas. Disparar una salva era la forma habitual de informar a los aliados que un batallón necesitaba ayuda. Después de disparar la salva de las 16:20, todas las señales indican que Custer y sus fuerzas estaban en completa retirada, deteniéndose sólo durante cortos intervalos para contener al enemigo. Después de asegurar la fuerza de las defensas, los comandantes finalmente intentaron comunicarse con Custer alrededor de las 5 de la tarde, aproximadamente a la hora en que la mayoría de los historiadores militares creen que las fuerzas de Custer habían sido derrotadas y estaban siendo asesinadas. El Capitán Thomas Weir fue enviado a buscar a Custer, y después de acercarse una milla en la dirección desde donde se escuchaban los disparos, Weir y su compañía vieron a los nativos americanos a la distancia montados a caballo y disparando al suelo. Aun así, los sobrevivientes de la batalla del Pequeño Gran Cuerno no se habían dado cuenta del sombrío destino de su oficial al mando; cuando intentaron acercarse al lugar donde los nativos americanos habían sido vistos por última vez, se encontraron con una fuerte resistencia, que los obligó a retroceder sin conocer el destino de Custer y sus destacamentos. Los sobrevivientes fueron forzados a volverse a sus posiciones defensivas en la colina Reno y quedaron inmovilizados allí durante todo el día siguiente. Cuando el general Sheridan llegó a rescatarlos el 27 de junio, se vieron abrumados por la noticia de la muerte de su oficial al mando, al darse cuenta del por qué los guerreros nativos americanos no los habían barrido y destrozado. La mayoría de ellos había regresado a la aldea después de enterarse lo cerca que Custer había estado de dañar a sus mujeres y niños, y de ese modo dejaron solo un puñado de guerreros para mantener sometidos a los sobrevivientes y así evitar que reforzaran el destacamento de Custer.

Si bien más adelante en este capítulo, se hablará de la versión de los hechos de los nativos americanos es importante tener en cuenta la versión que contaron aquellos del lado del gobierno de los EE. UU. Según el explorador de Custer, Curly, un miembro de los Cuervos que logró escapar en la confusión antes de que Custer liderara el asalto. Custer ya había comenzado a acercarse a la aldea desde los despeñaderos en el este después de enviar órdenes a Reno y Benteen para que coordinaran con él el ataque a la aldea. Pero mientras cruzaba el río, Custer y sus fuerzas se encontraron con una fuerte resistencia, lo que finalmente lo llevó a alejarse del río atravesando todo el camino de regreso a la colina Custer. Esta estaba aproximadamente 3.5 millas al norte de donde las fuerzas de Benteen y Reno se estaban movilizando contra los agresivos ataques de los nativos americanos en la colina Reno.

Aunque Benteen no estuvo presente para ver el último combate de Custer, su testimonio en el tribunal militar que tuvo lugar después aclara algunos hechos interesantes:

> Cuidadosamente recorrí el campo de batalla para determinar cómo se había librado la batalla. Llegué a la conclusión, que ahora sostengo, que fue una fuga en desorden, un pánico general hasta que el último hombre fuera asesinado...
>
> No se formó una línea en el campo de batalla. Se podría tomar un puñado de maíz y esparcir [los granos] al piso, y trazar líneas como esas. No había línea alguna ... Lo único parecido a una línea era donde se encontraban 5 o 6 caballos (muertos) todos separados por la misma distancia, como los que hacían las primeras escaramuzas [parte de la Compañía del Teniente Calhoun L]. Eso fue lo más parecido a una línea en el campo. Había más de 20 [soldados] muertos [en un grupo]; [más a menudo] había cuatro o cinco en un solo lugar, todos dentro de un espacio de 20 a 30 yardas [el uno del otro] ... conté 70 caballos [de caballería] muertos y 2 ponis indios.
>
> Creo, estoy casi seguro, que los hombres soltaron sus caballos sin ninguna orden de hacerlo. Puede ser que se hayan dado muchas órdenes, pero pocos obedecieron. Creo que estaban aterrorizados; como dije antes, fue una derrota.

Investigaciones posteriores del campo de batalla donde las fuerzas de Custer exhalaron sus últimos suspiros pintaron una imagen sombría para todos los presentes, había cuerpos desfigurados y mutilados de los muertos que yacían por todo el campo de batalla hasta llegar a la actual colina Custer y los petos hechos de caballos muertos a intervalos irregulares. Muchos de los soldados muertos alrededor de colina Custer aparentemente se habían suicidado hacia el final de la batalla cuando se perdió toda esperanza. Se encontró evidencia de una línea de escaramuza similar al destacamento de Reno en el día de la batalla alrededor de la actual colina Calhoun, que está a unos dos tercios de una milla de la colina Hill. Esta evidencia pinta una imagen clara del movimiento del destacamento de Custer después de enfrentarse a los guerreros nativos americanos. El cuerpo de Custer fue encontrado en la cima de la colina Custer, que era uno de los pocos cuerpos que no mostraban signos de mutilación después de la muerte. Durante muchos años, hubo confusión con respecto a la muerte de Custer debido a esto, si su cuerpo no fue mutilado, entonces ha sido muy probable que los guerreros nativos americanos no supieran quién era el líder. Pero no hubo reclamos sólidos de ningún jefe o guerrero nativo americano notable que reclamara la vida de Custer, incluso en el relato cheyene de la batalla del Pequeño Gran Cuerno. Según la historia oral de los cheyenes, Custer solo fue identificado como el líder después que terminara la batalla.

En cuanto a por qué no fue mutilado como los demás, la versión cheyene de la historia proporciona una explicación viable, aunque no es ninguna prueba sólida como para verificarla. Según algunos de los cheyenes, Custer aparentemente tenía una amante llamada Mo-nah-setah , que era la hija del jefe cheyene Pequeña Roca. Dado que no había ningún tipo de relaciones informales en la tradición cheyene, se consideraba que estaban casados. Al parecer, dos de los familiares de Mo-nah- setah vieron su cuerpo entre los muertos y evitaron que los guerreros sioux lo desfiguraran, alegando que era su pariente.

La autopsia indicó que había dos heridas de bala, una en la cabeza y la otra en el pecho. Uno de estos disparos debe haberlo matado, pero no está claro cuál fue. Si bien aún no está claro quién dio el golpe final que mató a Custer, en 2005 se descubrió un detalle significativo después de que los historiadores de los cheyenes del Norte finalmente hicieron pública la historia de la Mujer Joven del Camino de Búfalo (o Mujer Valiente) y su papel en la Gran Guerra Sioux. Esta valiente guerrera india luchó junto a su hermano, jefe Comes in Sight (Está Llegando), y su esposo, Coyote Negro, este último un reputado guerrero cheyene en las batallas de Rosebud y Pequeño Gran Cuerno. De hecho, el nombre cheyene para la batalla de Rosebud es "La lucha donde la niña salvó a su hermano", que se reveló cuando su historia fue hecha pública por los historiadores de

Cheyene en 2005. Wallace Bearchum, director de servicios tribales para los cheyenes del Norte confirmó la existencia de esta guerrera en un artículo publicado en 2017, pero duda mucho de que ella sea la que mató a Custer, ya que se sabe que ella portaba un adminículo similar a una honda en la historia oral de los cheyenes, mientras que Custer claramente murió de una herida de bala, dejando sin respuesta la pregunta de quién mató al comandante estadounidense. Dado que es casi imposible asignar en un campo de batalla, una bala disparada al azar entre cientos, al arma de un soldado en particular de una dada edad y en ese día, y mucho menos en el último cuarto del siglo XIX, esta es probablemente una de esas preguntas históricas que está destinada a permanecer sin respuesta.

Edward S. Curtis, uno de los fotógrafos y etnólogos estadounidenses más famosos y venerados por fotografiar la vida de los nativos americanos en la primera parte del siglo XX, se encargó de verificar los acontecimientos del último combate de Custer durante el largo tiempo que pasó fotografiando a los nativos americanos. Basándose en sus hallazgos después de entrevistar a muchos sobrevivientes de la batalla, además de estudiar exhaustivamente el campo de batalla con el general Charles Woodruff, Curtis llegó a la conclusión de que Custer y sus hombres habían intentado cruzar el Medicine Tail Coulee, el camino que conducía a Minneconjou Ford, que era el río que intentó cruzar Custer durante su asalto, solo para retirarse frente a la superioridad de los nativos americanos situación que luego se convertiría en una retirada total. Sin embargo, esta teoría fue refutada más tarde en la década de 1920 cuando salieron a la luz nuevas pruebas arqueológicas. Se descubrió una gran cantidad de casquillos de bala .45-55 servidos a lo largo de la Cresta Nye-Cartwright, que se encuentra entre el Medicine Tail Coulee del Norte y del Sur. Esta evidencia sugiere que en lugar de cruzar el Medicine Tail Coulee, Custer continuó más al norte hasta llegar a la cresta, dividiendo su destacamento de 210 hombres en tres batallones. De todas las teorías sobre cómo Custer realizó su aproximación, esta es la más sólida, ya que también coincide estrechamente con la versión de los nativos americanos que participaron de los acontecimientos y con la secuencia en la que estos acontecimientos sucedieron. Cualquiera que sea la realidad, incluso los relatos de los cheyenes de la batalla coinciden en que los hombres de Custer pelearon ferozmente en su última posición en la colina Custer antes de caer, lo que infligió el mayor número de bajas a las fuerzas nativas americanas durante la breve hora en que tuvo lugar la batalla.

La Batalla del Pequeño Gran Cuerno, Retratada por los Relatos Históricos Orales de los Cheyenes

Los soldados atacaron el campamento sioux hacia el mediodía. Los soldados se dividieron, una parte cargó directamente sobre campamento. Después de conducir a estos soldados a través del río, los sioux cargaron contra los diferentes de abajo y los condujeron confundidos; estos soldados se volvieron tontos, muchos arrojando sus armas y levantando sus manos, decían: "Sioux, ten piedad de nosotros; llévanos prisioneros". Los Sioux no tomaron prisionero ni a un solo soldado, sino que los mataron a todos; ninguno quedó vivo ni por unos minutos. Estos diferentes soldados descargaron sus armas, pero poco.

-Relato de la batalla del Pequeño Gran Cuerno por el Jefe Caballo Rojo, 1881

Es un poco sorprendente que los relatos de los nativos americanos de la batalla del Pequeño Gran Cuerno sean tan precisos a pesar de ser los vencedores de la batalla. Aunque hay muchos cuentos sobre la valentía de muchos de los jefes y guerreros, el esquema básico de la batalla momento a momento ha sobrevivido, un relato que muchos historiadores modernos consideran extremadamente exacto ya que la historia oral transmitida por los cheyenes del Norte se corresponde con la evidencia arqueológica de la batalla encontrada en la región por los historiadores muchas décadas después. Al escribir esta parte del libro, nos gustaría dar las gracias especialmente al veterano periodista Thomas Powers y su excelente libro sobre la versión nativa americana de los eventos de la batalla del Pequeño Gran Cuerno, el asesinato de

Caballo Loco. La mayoría de las fuentes narrativas de Powers son los relatos dejados por guías de nativos americanos, narradores y descendientes de los participantes de la guerra. También usó los relatos de William Garnett, más comúnmente conocido por su apodo "Billy el Cazador", quien fue un explorador militar estadounidense durante la Gran Guerra Sioux. Era hijo del comandante Richard Brooke Garnett, el comandante del Fuerte Laramie y una mujer sioux llamada Mir-a-Él, que más tarde fue bautizada como Molly Campbell. El tiempo que Billy el Cazador pasó en la Gran Reserva Sioux antes y después de la guerra le dio un amplio conocimiento sobre muchos detalles, que los historiadores a menudo ignoraron hasta mucho más tarde. La historia Cheyene afirma que antes del ataque de Custer al campamento, el Jefe Toro Sentado supuestamente tuvo una visión durante la Reunión de Danza del Sol de 1876 en la que vio a "soldados cayendo sobre su campamento como saltamontes desde el cielo".

Sorprendentemente, la versión nativa americana de los acontecimientos de la batalla del Pequeño Gran Cuerno indica que Custer estaba casi sobre sus enemigos y probablemente habría logrado tomar la aldea si hubiera sido cualquier otra aldea tribal. Pero lo que Custer no sabía es que, sin que él lo supiera, había tropezado con el campamento principal del enemigo, que estaba en alerta máxima debido a la Gran Guerra Sioux en marcha. Como resultado, y a pesar de sus mejores esfuerzos para mantener sus fuerzas ocultas armándolas con equipos y provisiones livianas, el batallón principal de Custer fue descubierto antes de que pudiera lanzar un ataque con éxito, lo que resultó en su decisión de dividir su cuerpo principal en tres destacamentos, dando los guerreros nativos americanos casi poco o nada de tiempo para montar un asalto. Las fuerzas de los nativos americanos primero se trenzaron con las fuerzas de Reno, que coincide con la versión americana de los acontecimientos, antes de regresar a la aldea para aplastar el asalto de Custer desde el este.

Aunque los nativos americanos estaban vigilantes debido a la Gran Guerra Sioux, no estaban especialmente preocupados por los invasores la mañana antes de que comenzara la batalla. Después de un festival la noche anterior, los nativos americanos estaban completamente relajados, sin esperar ningún tipo de ataque ya que pensaban que su ubicación era segura. No tenían idea de que Custer y sus fuerzas se habían acercado tanto a su campamento, y solo se dieron cuenta del ejército de los EE. UU. cuando los exploradores acudieron al campamento alrededor de las tres de la tarde, gritando que las fuerzas estadounidenses estaban a la vista de la aldea. Esto llevó a los hombres a prepararse apresuradamente para la guerra, mientras que las mujeres y los niños se refugiaron en el centro de la aldea. Según la declaración del anciano Oglala Corre al enemigo, todo el campamento entró en pánico cuando se dieron cuenta de que el enemigo se había acercado tanto al campamento. Los guerreros se prepararon en quince minutos y se reunieron frente a la cabaña para encontrarse con el enemigo. Tan pronto como vieron a los soldados americanos cruzar el río, comenzaron su contraataque, obligando al ejército atacante a desmontar y tomar posiciones defensivas para evitar ser arrastrados a una lucha cuerpo a cuerpo. Según el momento y la dirección de la primera ola de soldados americanos, se puede afirmar que, en este punto, las fuerzas de los nativos americanos se enfrentaron en un acalorado combate con las fuerzas de Reno. Dentro de otros quince a veinte minutos de intercambiar fuego cruzado con el ejército de los EE. UU., las fuerzas de Reno fueron empujadas hacia atrás del río, lo que se corresponde con los relatos de soldados americanos que lucharon junto a Reno. El ritmo de las escaramuzas fue rápido, brusco y tenía un patrón claro, un intercambio acalorado de tiros de fusil seguido de un movimiento rápido y cuerpo a cuerpo. Tanto en los escenarios de Reno como de Custer (según lo muestran los investigadores del campo de batalla), las escaramuzas en promedio no duraron más de diez a quince minutos. A medida que las fuerzas de Reno eran empujadas hacia atrás, los disparos se hicieron cada vez más distantes, lo que indica una cierta apariencia de seguridad. Una vez que las fuerzas de Reno fueron rechazadas, las mujeres y los niños comenzaron a evacuar la aldea desde el norte a lo largo de la línea del río, mientras que los guerreros comenzaron a perseguir a las fuerzas de Reno.

Si bien esta fase de la batalla ya estaba teniendo lugar bajo el mando de Toro Sentado, la otra figura importante en este cuento, Caballo Loco, aún no había entrado en el campo de batalla. Cuando comenzó la conmoción, inmediatamente llamó a un curandero y supuestamente se tomó tanto tiempo en sus rituales que algunos de sus guerreros se impacientaron. Una vez que terminara con sus preparativos, Caballo Loco se unió a las fuerzas que mantenían a Reno inmovilizado, dirigidos por sus primos Pluma Roja y Oso Pateador. Para compensar el tiempo perdido, Caballo Loco actuó fiel a su nombre y comenzó a correr en la línea de fuego entre los hombres de Reno y sus propias fuerzas en un intento de sacarlos del campo. La táctica realmente tuvo éxito, y los hombres de Reno finalmente renunciaron a sus posiciones y siguieron a su comandante hasta la Colina Reno, donde de alguna manera fueron salvados por el destacamento de Benteen. Pero esta retirada desorganizada tuvo el costo de la pérdida de más de treinta soldados.

Una vez que las fuerzas de Benteen y Reno fueron detenidas, la intensidad del ataque de los nativos americanos disminuyó un poco mientras se concentraban en saquear las armas y municiones dejadas por su enemigo. Luego, aparentemente sin ninguna razón, Caballo Loco decidió regresar de inmediato al campamento principal. Si bien la mayoría de sus aliados no encontraron rima ni razón para que Caballo Loco abandonara el campo de batalla cuando estaban compartiendo el botín, solo el Jefe Gall, un líder de combate de los Lakota Hunkpapa, aparentemente pudo especular que Caballo Loco de repente temía un segundo ataque contra la aldea y volvió. La explicación más razonable de la retirada repentina de Caballo Loco parece ser la observación de los movimientos enemigos subiendo por los despeñaderos en el lado opuesto del río, algo que también se ha registrado en la historia oral de los cheyenes. El hecho de que los cheyenes siguieran la pista de múltiples relatos de testigos oculares del acontecimiento ayuda a filtrar las inconsistencias que se encontraron con los hallazgos arqueológicos del campo de batalla durante más de cien años después.

La distancia entre el lugar donde tuvo lugar la pelea con Reno y el punto donde Custer intentó cruzar el Minneconjou Ford tomó alrededor de veinte minutos para viajar a caballo. Según la versión cheyene del ataque de Custer, el segundo grupo de soldados, que era la unidad de Custer, atacó desde el sur. Si se tiene en cuenta esta declaración, entonces se debe concluir que Custer se acercó a la aldea desde el lado este del río antes de cambiar de dirección para llevar a cabo el ataque desde el oeste a través de Medicine Tail Coulee, que está respaldado por hallazgos arqueológicos de restos de soldados de EE. UU. a lo largo de la línea del río en la década de 1920.

Para cuando se hizo evidente la presencia de Custer, el jefe Gall y tres guerreros nativos americanos observaban el movimiento de las fuerzas de Custer desde un punto estratégico en el lado este del río. Aunque Gall afirma haber visto a Custer, es muy discutible. Según todos los relatos de la historia popular de los nativos americanos, Custer nunca tuvo la oportunidad de cruzar el río y se vio restringido a varios cientos de metros detrás del mismo gracias a los esfuerzos concentrados de los hombres de Caballo Loco, que se acercaron a Custer en grandes cantidades desde el otro lado del río mientras descargaban rápidas andanadas de fuego de sus fusiles a repetición. Esto resultó ser mortal para las fuerzas de Custer a corta distancia, lo que los obligó a retroceder a la Colina Calhoun. Todo esto sucedió alrededor de las 4 de la tarde, que fue antes de que Reno y Benteen escucharan el disparo de Custer.

Después de mantener su posición durante un tiempo en la Cresta Custer, Custer y sus hombres volvieron al Monte Custer, donde lanzaron su último ataque. Casi todas las versiones nativas americanas de esta batalla tienden a estar de acuerdo en que este fue el momento más feroz de toda la batalla, ya que las fuerzas de Custer infligieron muchas bajas a los guerreros nativos americanos. La línea de escaramuzas que observara Benteen tras la batalla y después de la llegada de Sheridan también coincide con el relato de los nativos americanos de la última pelea de Custer. Los soldados se extendían en la franja que cubría el área entre el monte Calhoun y el monte Custer. La línea de escaramuzas demostró ser ineficaz ya que el follaje circundante proporcionó a los nativos americanos suficiente cobertura para enfrentarse de cerca a los soldados estadounidenses, lo que resultó desastroso para los hombres de Custer ya que no llevaban sus espadas con ellos para deshacerse de cualquier peso innecesario durante la marcha hacia Pequeño Gran Cuerno. La línea de escaramuzas colapsó rápidamente, retirándose las fuerzas de Custer mientras los guerreros nativos americanos avanzaban a través de sus líneas defensivas cada diez a quince minutos con un total de cinco veces entre las 16:15, cuando el destacamento de Custer disparó la primera descarga de fuego, y al final de la batalla a las 17:25, que el Capitán Weir observó desde la distancia antes de ser empujado de vuelta a monte Reno. El Jefe Gall y muchos otros testigos oculares también vieron a Weir a distancia, pero decidieron dejar que los guerreros más cercanos a Weir se hicieran cargo de la situación.

Según todos los relatos, Custer y sus hombres dieron una valiente pelea, pero pronto se vieron abrumados cuando la línea de escaramuzas alrededor del monte Calhoun se rompió y los guerreros nativos americanos comenzaron a subir la ladera oriental de la colina para emboscar a los caballos, que eran el salvavida de la caballería. El ataque tuvo éxito, y después de perder sus caballos, el destino de Custer y sus hombres quedó sellado. A pesar de las inmensas dificultades, la línea de escaramuzas aún se mantuvo, y es difícil predecir cuánto tiempo más se habría prolongado la batalla hasta que Caballo Loco volviera a ocupar el centro del escenario. Esta vez, Caballo Loco lideró la carga final que rompió la línea de escaramuzas del ejército de los EE. UU., derrotando por completo y abrumando a las fuerzas de Custer, lo que resultó en una victoria decisiva para la alianza de los nativos americanos. Como en la instancia anterior, Caballo Loco se lanzó al frente junto con sus hombres para atraer el fuego de los soldados atrincherados. Una vez que los soldados dispararon su última descarga, los guerreros nativos americanos restantes a pie cerraron la distancia y usaron las armas cuerpo a cuerpo para acabar con los soldados estadounidenses.

Durante los últimos minutos de la batalla, muchos soldados arrojaron sus armas y levantaron los brazos en señal de rendición, pero los sioux, las tribus Lakota y Dakota, según su costumbre solo tomaron prisioneras y ejecutaron hasta el último hombre. El ataque sorpresa dirigido por Custer enfureció muchísimo a los sioux, y siguiendo su ritual desfiguraron y mutilaron a los soldados muertos, ya que creían que condenarían el espíritu de sus enemigos a caminar por la Tierra para siempre. Estaban especialmente enojados con Custer, quien previamente había hecho un juramento al jefe cheyene Stone Fronthead (Frente de Piedra) de que nunca más volvería a tomar las armas contra los sioux.

Capítulo 4: Factores Subyacentes a la Pérdida de la Batalla Pequeño Gran Cuerno por Custer

El último embate de Custer es quizás uno de los temas más debatidos en los estudios militares desde que ocurriera en 1876. Incluso hoy, la mayoría de las escuelas militares estadounidenses y los cursos de capacitación teórica incluyen un discurso sobre las estrategias de Custer en la batalla del Pequeño Gran Cuerno, un testamento al impacto histórico de esta legendaria batalla. Durante mucho tiempo después de su muerte, la esposa y los admiradores de Custer hicieron todo lo posible para preservar el legado de Custer como héroe nacional, criticando públicamente al personal del ejército y a los civiles que se atrevieron a criticar las acciones de Custer en el fatídico día de su muerte. A lo largo de los años, muchos expertos militares e historiadores han expuesto varias razones de por qué la batalla tomó un giro tan drástico en tan poco tiempo.

Falta de una estrategia adecuada

Si uno mira bien la vida de George Armstrong Custer, su precipitación y preferencia por tomar el camino menos transitado no es una sorpresa. Después de la batalla, muchos de sus contemporáneos encontraron fallas fatales en sus estrategias de batalla en ese día, así como en sus decisiones estratégicas, que no eran prácticas a la luz de las advertencias que los exploradores de Cuervo le proporcionaron justo antes de la batalla. Aparentemente, los exploradores advirtieron a Custer sobre los números superiores de nativos americanos; sin embargo, ignoró sus consejos debido a que los exploradores cambiaron su vestimenta por la de los nativos americanos antes de la batalla, ya que no querían "morir en la batalla con la ropa del hombre blanco". Los liberó a todos del servicio y eligió seguir su propia estrategia, que giraba en torno a la táctica sucia de obligar al enemigo a rendirse manteniendo como rehenes a los no combatientes. De los muchos errores de cálculo de Custer, este generalmente se considera el más fatal. Hasta el punto en que los tres destacamentos estuvieron desbordados, la estrategia de Custer fue acercarse lo más posible a la aldea para capturar mujeres y niños en lugar de centrarse en reducir las filas de los nativos americanos. A pesar del hecho de que a menudo la gente lucha más denodadamente cuando sus familias están en peligro, Custer insistió en usar esta táctica ya que le había servido bien en la batalla de Washita.

Muchos estrategas militares especulan que Custer podía haber sido consciente de la temeridad de su ataque y que esperaba evitar una batalla prolongada contra números superiores al retener a las mujeres y los niños del campamento como rehenes. Si esta teoría es cierta, entonces los destacamentos de Reno y Benteen podrían haber sido los señuelos con los que contaba para vaciar la aldea y ocuparla con sus hombres. Pero la presencia de más guerreros después del enfrentamiento de los destacamentos de Reno y Benteen debe haber subvertido su plan, que rápidamente se convirtió en una situación difícil cuando aproximadamente la mitad de los guerreros nativos americanos se batieron con las fuerzas de Reno y Benteen en el monte Reno apresurándose a proteger a su pueblo después de enterarse del ataque de Custer. Pero la crítica más grande que la mayoría de los historiadores militares modernos le hacen a Custer es su negativa a tomar el 2º Regimiento de Caballería como refuerzo, ya que temía que los nativos americanos destruyeran el campamento y escaparan cuando los encontrara. La estrategia de Custer era "vivir y viajar como indios; de esta manera, el comando podría ir a cualquier lado adonde pudieran ir los indios", un sentimiento que se registra en uno de sus artículos publicados en el *Herald*, una revista que Custer utilizó como su máquina personal de propaganda para glorificar sus acciones.

También según los registros militares, la mayoría de los hombres de Custer estaban desnutridos y débiles cuando comenzó la batalla del Pequeño Gran Cuerno, ya que Custer había reducido las raciones personales de cada soldado para aumentar su movilidad en la expedición de exploración. Otra crítica que le hicieron sus compañeros fue su negativa a llevar las cuatro ametralladoras Gatling recientemente introducidas que le ofrecieron para la batalla. Custer habría argumentado que habrían obstaculizado su movilidad, lo cual es cierto ya que la distancia que Custer recorría cada día era de 48 kilómetros (30 millas) antes de llegar a Pequeño Gran Cuerno, ocho días después de la batalla de Rosebud. Esta todavía se considera una hazaña asombrosa en comparación con el movimiento más lento del voluminoso ejército de EE. UU. en ese momento. Además, las ametralladoras Gatling eran un invento nuevo y muy poco confiables, ya que frecuentemente se atascaban y sobrecalentaban.

Falta de Inteligencia Adecuada y Ruptura del Comando

La negativa de Custer a confiar en la inteligencia de sus exploradores también fue otro factor importante que contribuyó a que perdiera la batalla del Pequeño Gran Cuerno. Una vez que se dio cuenta de que su emboscada había sido descubierta por los nativos americanos, la precaución dio paso al pánico, y comenzó su ataque sin siquiera saber el tamaño de la aldea o el número estimado de oponentes que sus fuerzas tendrían que enfrentar. La aldea en Pequeño Gran Cuerno no era un campamento ordinario; servía como un campamento comunitario para todas las tribus nativas americanas que participaron en la batalla del Pequeño Gran Cuerno, en otras palabras, era su cuartel general. Atacar un campamento de este tamaño y escala era una locura, e incluso Custer probablemente se había dado cuenta de esto si hubiera sido informado adecuadamente de la situación. Pero su apuro por capturar a los no combatientes le impidió recopilar esta inteligencia crucial, por lo que él y los hombres bajo su mando pagaron con sus vidas. Esta falta de inteligencia también puso a los destacamentos de Reno y Benteen en una situación desesperada: la única diferencia fue que esos dos destacamentos tuvieron la suerte de encontrar un lugar para retroceder y fortalecerse mientras Custer no tuvo el mismo golpe de buena suerte. Además, la noticia de la batalla de Rosebud no había llegado a oídos de Custer debido a la velocidad vertiginosa que insistió en mantener para sorprender a las fuerzas nativas americanas.

Otro factor importante al que muchos historiadores atribuyen el fracaso general de la batalla era la falta de respeto y confianza que sus hombres tenían por Custer. Antes de ser inmortalizado como un héroe nacional en la batalla del Pequeño Gran Cuerno, Custer tenía una reputación que difería mucho entre sus colegas militares y el público en general. Su anterior corte marcial y su desprecio por las reglas y la disciplina del ejército le causaron mucha falta de respeto por parte de gran parte del personal del ejército, comenzando por los soldados y llegando hasta el mando superior. Incluso los subordinados inmediatos de Custer, Reno y Benteen, estaban preocupados por su superior y lo detestaban. Las relaciones entre Custer y sus hombres eran tan tensas que, en la mañana del 25 de junio, cuando envió a Reno para llamar la atención de las fuerzas de los nativos americanos y Benteen para explorar los lugares circundantes, no dio órdenes claras sobre su curso de acción exacto y cuán lejos debían viajar. Cuando Custer solicitó ayuda, tanto los hombres como sus destacamentos estaban en serios problemas, sobrepasados por el número superior de las fuerzas hostiles y haciendo poco realista la expectativa que pudieran romper las líneas enemigas y correr en ayuda de Custer después de escuchar su descarga de disparos. Los investigadores del Tribunal de Investigación de Reno, que también supervisaron el juicio a Benteen, que tuvo lugar en 1879, eran de la misma opinión y eximieron a ambos comandantes de cualquier mala conducta. Muchos de sus propios soldados condenaron a Reno y Benteen por embriaguez y cobardía. Pero es más probable que sea el resultado de la propaganda del legado de Custer que un hecho real.

Divide Sus Fuerzas

La decisión de dividir sus fuerzas frente a un número superior de fuerzas enemigas ha seguido siendo una decisión muy criticada que incluso los admiradores más ardientes de Custer no pueden defender, especialmente cuando se considera el hecho de que la fuerza de los nativos americanos superaba en número a la fuerza de Custer en una proporción de más de 3 a 1. Como Custer no tenía idea del número de fuerzas enemigas, y como su objetivo principal era capturar y negociar en lugar de verse involucrado en una larga y dilatada lucha, esta decisión podría no haber sido la mejor. La recolección de inteligencia se vio interrumpida aún más debido al ritmo al que las fuerzas de Custer cubrían el terreno, las tácticas estándar del ejército dictaban incluso entonces que el cuerpo principal de una fuerza debía avanzar lentamente mientras recibía informes regulares de los exploradores durante el acercamiento. Las simulaciones informáticas modernas (la más popular es el último comando de Custer) de la batalla indican que, si Custer hubiera decidido abrirse paso desde cualquier dirección de manera unificada, existía la posibilidad de que hubiera podido atravesar las líneas enemigas y abrirse camino en la aldea para lograr su objetivo original de capturar a los no combatientes nativos americanos.

La Arrogancia y las Ambiciones de Custer

"¡Aquí está una estrella o un ataúd!"

Último brindis de Custer en la cena del 24 de junio de 1876

Una de las principales razones por las que Custer era impopular entre sus compañeros militares era por su arrogancia. No se puede negar su valentía, la infame suerte de Custer (una referencia al hecho de que sobrevivió once veces después de que su caballo fuera derribado en combate), así como su abrumadora victoria una y otra vez en Gettysburg, Winchester, Arroyo de Tom, Arroyo de Cedro, y las Cataratas de Washita llevaron su popularidad a nuevas alturas después de que Custer mostrara ambiciones políticas alrededor de 1866. Algunos historiadores creen que la ambición de Custer era alcanzar el rango de general (actuó como general durante la batalla del Pequeño Gran Cuerno) y finalmente abrirse paso al cargo del presidente, cabalgando sobre la popularidad pública generada por su propia propaganda. Custer también escribió muchos artículos radicales con respecto a las tácticas de barricadas y su propia observación sobre los nativos americanos, que capturaron la imaginación del público, pero estaban muy mal vistas por personal militar. Pero dado que en ese momento en el ejército de los Estados Unidos no había reglas establecidas para evitar glorificar las propias acciones para obtener ganancias políticas, sus acciones fueron justificadas, ya que muchos de los presidentes anteriores habían hecho lo mismo.

Sus ambiciones políticas podían haberlo llevado a cometer muchos de los errores fatales en la batalla del Pequeño Gran Cuerno. Custer podía haber querido convertirse en un héroe nacional al ganar una victoria casi imposible por su cuenta, lo que podría ser una explicación de por qué rechazó la ayuda del 2º Regimiento de Caballería de los EE. UU. antes de partir, así como su precipitación para encontrar y desarraigar a las fuerzas nativas americanas por su cuenta. Después de todo, "El General Intrépido Gana con Todos los Pronósticos en su Contra" es un mejor titular que "El General Victorioso Marcha con los Nativos a las Reservas". Irónicamente, parte de las ambiciones de Custer de ganar una victoria abrumadora sobre los Sioux se hicieron realidad después de su muerte, pero no de la forma en que él pretendía, sino cuando el gobierno de los Estados Unidos finalmente recibió el apoyo público que necesitaba para comenzar a reprimir a los nativos americanos y formular políticas poco usuales y a menudo injustas para los nativos americanos sobrevivientes en las reservas.

Números Superiores de Nativos Americanos y Armas Defectuosas

La victoria de los nativos americanos en la batalla del Pequeño Gran Cuerno lógicamente asustó al ejército de los EE. UU. y los puso en una posición engorrosa. La opinión pública del ciudadano estadounidense promedio con respecto a los nativos americanos en ese momento, hoy se consideraría increíblemente racista. La mayoría del pueblo no consideraban a los nativos americanos como civilizados y a menudo se refería a ellos como salvajes. Como resultado, una pérdida tan abrumadora era inaceptable a la vista del público, especialmente desde que sucedió justo antes del 4 de julio, el evento patriótico más importante de los Estados Unidos (el día en que declaró su independencia). Como Custer se había convertido repentinamente en un héroe caído trágico, hacer de él un chivo expiatorio o de cualquiera de los oficiales supervivientes no era una opción, por lo que el gobierno perpetuó el mito de que Custer fue sobrepasado por salvajes sin esperanza de escapar y decidió luchar junto con sus hombres hasta el último aliento.

Aunque parcialmente cierto, esta razón por sí sola no es suficiente para justificar que se perdiera la batalla, ya que se podrían haber tomado una serie de decisiones estratégicas acertadas para atacar a la aldea de los nativos americanos después de que llegaran los refuerzos, pero cuando Custer y sus fuerzas fueron descubiertas después los suministros se cayeran por accidente detrás, se apuró y tomó decisiones precipitadas. Incluso de acuerdo con los relatos históricos orales del evento de los cheyenes, muchas declaraciones de los guerreros y no combatientes nativos americanos participantes se adhieren claramente al hecho de que las fuerzas de Custer los habían tomado completamente por sorpresa y estaban a tiro de la aldea. Además, estaba el hecho comprobado, tomado de los testimonios de los exploradores Cuervo a quienes expulsara justo antes de la batalla, de que se le advirtió sobre el número superior de enemigos, pero decidió no prestar atención, lo cual tuvo un papel clave en el tribunal militar en la absolución de las acciones de Reno y Benteen. durante la batalla.

Otra excusa que el gobierno de los Estados Unidos presentó para evitar la mala publicidad fue culpar a las armas defectuosas que llevaban los soldados en ese desafortunado día. Después de extensas pruebas y evaluaciones por parte de la Junta de Artillería del Ejército antes de la Gran Guerra Sioux, se decidió que el arma de largo alcance que llevarían las tropas estadounidenses sería la carabina Springfield Modelo 1873. El arma venía en dos versiones: la carabina larga .45-70 para la infantería y una carabina ligera .45-55 para la caballería, que eran el equipamiento de los hombres de Custer. La principal crítica que se esgrimiera contra el arma después del último combate de Custer era el mecanismo extractor de carabina, que se suponía atascaba el arma. Si bien durante mucho tiempo fue un tema de candente debate, los investigadores de la batalla extrajeron muchos casquillos .45-55 servidos en la región donde tuvo lugar la batalla del Pequeño Gran Cuerno. Muy pocos proyectiles mostraban signos de expulsión manual, lo que refutaba el endeble alegato dirigido contra el arma. En realidad, el modelo 1873 de la carabina Springfield, con un alcance superior en comparación con los rifles repetidores, era más adecuado para el tipo de situación de batalla dilatada en la que se encontraba Custer. Probablemente existió la posibilidad de que Custer ganara, si solo hubiera tomado una posición defensiva y esperado a que los guerreros nativos americanos se encontraran dentro del alcance óptimo del rifle.

Falta de Agudeza Estratégica

Este factor a menudo es mencionado por muchos historiadores militares que no son grandes admiradores de Custer. La derrota de Custer en la batalla del Pequeño Gran Cuerno fue tan rotunda, y su falta de adaptación al campo de batalla tan dolorosamente evidente, que plantea la cuestión de si sus victorias anteriores fueron solo una gran racha de suerte o hubo algo más que minara el genio táctico de Custer por el que fuera aclamado hasta ese momento.

La evidencia histórica sugiere una combinación de ambos factores. Custer siempre dependía de su intuición y se suponía que podía evaluar un campo de batalla perfectamente en el mismo momento en que lo miraba. Este rasgo lo había visto a través de muchos encuentros viciosos durante y después de la Guerra Civil estadounidense. Pero el problema de depender demasiado de la intuición es que probablemente nunca aprendió a evaluar un campo de batalla basado en hechos y suposiciones a largo plazo. Esta teoría está respaldada por el hecho de que estaba en el último peldaño de la escala académica cuando se graduara en West Point y solo evitó que se desvaneciera en el anonimato en un puesto remoto solo porque en ese momento los hombres de acción tenían una gran demanda en el ejército de los Estados Unidos. Y si no faltara nada más, George Armstrong Custer era un hombre de acción que combinaba bien con su extravagante cabellera y aspecto.

A diferencia de las batallas anteriores en las que Custer siempre tenía información sobre sus oponentes, en esta básicamente no tenía casi ninguna inteligencia, y la inteligencia que recibió antes de la batalla, decidió ignorarla. Como resultado, cuando la situación se salió de control, Custer no pudo adaptarse al campo de batalla y tomar decisiones que correspondían, lo que condujo a su desvalida desaparición en la batalla del Pequeño Bran Cuerno.

Por supuesto, hay muchas teorías individuales con interpretaciones individuales de los factores subyacentes a la caída de Custer, pero los factores mencionados en este capítulo se consideran hechos innegables respaldados por hallazgos arqueológicos y testimonios de testigos oculares de los exploradores de Cuervo que fueron expulsados antes de la escaramuza.

Conclusión

No importa cuán discutible haya sido el general Custer en su vida, su muerte y la posterior propaganda ideada por el gobierno, así como su esposa Libbie Custer, tuvieron un gran impacto en las políticas del gobierno para los nativos americanos, así como en las condiciones angustiantes en que se encontrarían hasta la década de 1960. Aunque los nativos americanos se convirtieron oficialmente en ciudadanos estadounidenses en 1924, el dogma creado por el legado de Custer los mantuvo alejados de la sociedad estadounidense en general durante otras dos décadas y media. El gobierno bajo la administración de Grant tenía una fuerte mentalidad anti-india y usó la tragedia de la muerte de Custer para que el público en general se enfureciera por la muerte de su héroe de guerra favorito a manos de los nativos americanos, que el gobierno en las noticias había calificado como una "masacre" a pesar de que fuera Custer quien iniciara la ofensiva.

Si bien los sioux disfrutaron de su victoria más grande y decisiva en la región de las Grandes Llanuras, se produjo a costa de una mayor represión gubernamental, que obligó a la mayoría de los nativos americanos a mudarse de la región para el año siguiente. Incluso los poderosos jefes Toro Sentado y Caballo Loco cedieron, con Toro Sentado escapando a Canadá (aunque más tarde regresaría) mientras Caballo Loco se rindió y fue asesinado al año siguiente de la batalla, en 1877. Finalmente, fue el gobierno de EE. UU. el que ganó la Gran Guerra Sioux, a pesar de sufrir muchas pérdidas que ayudaron a volver la opinión pública contra los nativos americanos, que se reflejó en la persecución y el racismo dirigido hacia los ya derrotados nativos americanos hasta la segunda mitad del siglo XX. El gobierno de los Estados Unidos no se contentó con la región de las Colinas Negras: después de derrotar a la población nativa en las Grandes Llanuras. El gobierno adquirió a la fuerza muchas parcelas de tierra que originalmente formaban parte de las diferentes reservas de los nativos americanos en todo Estados Unidos, toda la ruta del este al oeste. Si bien las políticas agresivas del gobierno impusieron la paz, esta tuvo el costo de subyugar a las tribus nativas Sioux, Cheyene y Arapajo de forma permanente en las reservas cada vez más reducidas de los nativos americanos. El gobierno también aprovechó la oportunidad para anular todos los tratados de paz anteriores celebrados con los nativos americanos, no solo en las Grandes Llanuras, sino en todo el país, y también los desarmó por la fuerza antes de restringirlos a los confines de las reservas.

Además de las ramificaciones políticas, la batalla del Pequeño Gran Cuerno también sirvió como un llamado de atención para el ejército de EE. UU., que reorganizó su estructura interna y externa para evitar cometer los mismos errores que llevaron a las repetidas derrotas durante la Gran Guerra Sioux. El ejército se expandió enormemente, reclutando nuevos miembros, lo que permitió al gobierno mantener efectivamente su control sobre las reservas de los nativos americanos y evitar más levantamientos.

Ha habido muchos libros que describen y analizan los hechos de la batalla del Pequeño Gran Cuerno (incluidos tres escritos de la viuda de Custer, Libbie Custer), pero lamentablemente la mayoría de ellos son sucesores del legado fabricado de Custer en lugar de estar respaldados concretamente por hechos históricos y evidencia circunstancial de la última gran victoria de los nativos americanos en la larga historia de las Guerras Indias Americanas que se extendiera por más de tres siglos. Uno puede culpar fácilmente a Custer por su solapada estrategia en esta batalla, pero también se puede argumentar que, si la alianza de los nativos americanos hubiera mostrado un poco más de respeto por la muerte de su enemigo, entonces las cosas podrían haber sido diferentes para ellos con posterioridad a la batalla; al menos, se habría evitado que el gobierno y el público los demonizaran. Después de todo, no hicieron nada más que defenderse para proteger a sus esposas e hijos, algo de lo que nadie puede culparlos. Pero su excesiva ferocidad marcó su destino, ya que permitió que el gobierno volviera la opinión pública en contra de ellos, lo que hizo que posteriormente fuera más fácil subyugar a la población de nativos americanos en todo el país. Los conflictos de los indios americanos que siguieron no fueron tan grandes ni en escala ni en duración, una clara señal de la decadencia de la exhibición de poder de los nativos americanos a finales del siglo XIX. Al inspeccionar varias fuentes históricas y al ver las entrevistas de muchos historiadores militares reconocidos, este libro ha tratado de formar una imagen clara y concisa de los verdaderos hechos relacionados con la batalla del Pequeño Gran Cuerno.

Referencias

Barnard, Sandy (1998). Excavando en la Última Posición de Custer.
Poers, Thomas (2010) El Asesinato de Caballo Loco.
Graham, coronel William A. (1953). El Mito de Custer: un Libro Fuente para Custeriana.
Nichols, Ronald H., ed. (1996) Tribunal de Investigación de Reno.
Welch, James; Stekler, Paul (1994). Matar a Custer: La Batalla de Pequeño Gran Cuerno y el
Destino de los Indios de las Llanuras.
Hardorff, R. G., ed. (1997) Campamento, Custer y Pequeño Gran Cuerno.https://www.history.com/news/little-bighorn-battle-facts-causes.https://www.americanheritage.com/battle-little-bighorn.

Vea más libros escritos por Captivating History

SENDERO DE LÁGRIMAS

UNA GUÍA FASCINANTE DE LAS EXPULSIONES FORZADAS DE LAS NACIONES CHEROKEE, MUSCOGEE CREEK, SEMINOLE, CHICKASAW Y CHOCTAW

CAPTIVATING HISTORY

www.ingramcontent.com/pod-product-compliance
Lightning Source LLC
LaVergne TN
LVHW042002060526
838200LV00041B/1834